TIERISCH GUTE FREUNDE

geschrieben von
SY MONTGOMERY

illustriert von
REBECCA GREEN

DIOGENES

LEHRER GIBT'S NICHT NUR IN DER SCHULE

Es gibt sie überall auf der Welt: in fernen Ländern, in Flüssen und Meeren oder ganz in der Nähe, vor deiner Tür. Manche meiner Lehrer hatten zwei Beine, andere vier, andere sogar acht. Jeder von ihnen hat mir etwas Wichtiges fürs Leben beigebracht.

Aber keiner wusste das – bis auf Molly!

Molly war noch ein Hundebaby, als sie zu uns kam, doch sie konnte alles, was ich nicht konnte. Also sah ich ihr zu. Hörte zu. Und ich lernte: Wenn du Augen und Ohren offen hältst, tut sich die Welt für dich auf. Noch bevor ich in die Schule kam, war Molly meine erste Lehrerin.

ENTDECKE DEINE BEGABUNG

Ich wurde erwachsen und wollte unbedingt noch mehr über Tiere wissen. In Australien gibt es Vögel, die fast so groß sind wie ich selbst, Emus, die nicht fliegen, aber schnell wie der Wind laufen können. Wie leben sie?

Ich wollte es herausfinden.

Also zog ich im Busch in ein Zelt und beobachtete drei Emus, genau wie ich Molly beobachtet hatte. Monatelang ließ ich sie nicht aus den Augen, erfuhr, wohin sie gingen, was sie fraßen. Und während ich ihnen auf ihren Wegen folgte, zeigten sie mir meinen eigenen Weg: Ich wollte Tierforscherin werden, wollte von Tieren lernen und über sie schreiben.

ZEIGE RESPEKT

Als Nächstes machte ich mich auf nach Afrika, auf der Suche nach Gorillas. Lange durchwanderte ich die Berge. Alles war so ganz anders als zu Hause in New Hampshire. Als ich mir eine Pause gönnte, kam plötzlich ein Mann angerannt.
Was war los? Ein mächtiger Gorilla verfolgte ihn!

Statt wegzulaufen, kauerte ich nieder und senkte den Blick, als verneige ich mich vor einem König. Der Gorilla trommelte sich auf die Brust und stieß einen Schrei aus. Als er sah, dass ich begriff, wer das Sagen hatte, machte er kehrt und stellte mir in aller Ruhe seine Gorilla-Familie vor.

Das hat mich gelehrt, wie wichtig es ist, das Revier des anderen zu achten.

In Afrika Löwen.

In den Flüssen Südamerikas schwamm ich zwischen Piranhas und Zitteraalen.

Im Ozean begegneten mir Haifische.
Keiner von ihnen ist auf mich losgegangen.

NIMM DIR ZEIT

Wieder reise ich nach Australien – diesmal, um einen anderen Vogel kennenzulernen. Der Kasuar ist, wie der Emu, ein großer Vogel, der läuft, statt zu fliegen. Ich wollte unbedingt einen zu Gesicht bekommen und streifte eine Woche lang vergebens durch seine Heimat, den Regenwald.

Keine Kasuare.

Eine Stunde bevor ich abreisen musste, ging ich noch einmal los, um von dem schönen, einsamen Dschungel Abschied zu nehmen. Da trat ein Kasuar zwischen den Bäumen hervor. Er war so nah, dass ich seine Wimpern erkennen konnte. Wie gut, dass ich nicht aufgegeben hatte!

JEDER BRAUCHT EINE FAMILIE

Auch daheim lernte ich von Tieren. Mein Mann und ich hatten keine Kinder eingeplant. Doch schon bald kam ein Kleines: ein Schweinebaby. Wir nannten es Christopher Hogwood.

Zwei kleine Mädchen und ihre Mutter zogen neben uns ein.
Die Mädchen entdeckten Chris im Hinterhof und besuchten ihn
von da an tagtäglich. Er war ein sehr geselliges Schwein.
Auch wenn wir nicht alle miteinander verwandt waren, wurden
wir doch durch Christopher zu einer großen Familie: mein
Mann, unser Border Collie Tess, unsere Hühner, die
zwei kleinen Mädchen mit ihrer Mutter.
Und ein sehr glückliches Schwein.

MACH DIR SELBST EIN BILD

Es hing mir schon zu den Ohren heraus: Hyänen sind hässlich. Hyänen sind faul. Hyänen sind Diebe und stehlen Löwen das Futter. Überall war das zu hören, selbst im *König der Löwen*! Dann besuchte ich ein Hyänenrudel.

Die flauschigen Babys balgten sich wie junge Hunde. Zärtlich leckten ihre Mütter sie ab. Und sie stahlen den Löwen nicht das Futter – es war andersrum: Die Löwen stahlen ihnen das Futter!
Die Hyänen waren der beste Beweis, dass nicht alles stimmt, was die Leute dir erzählen.

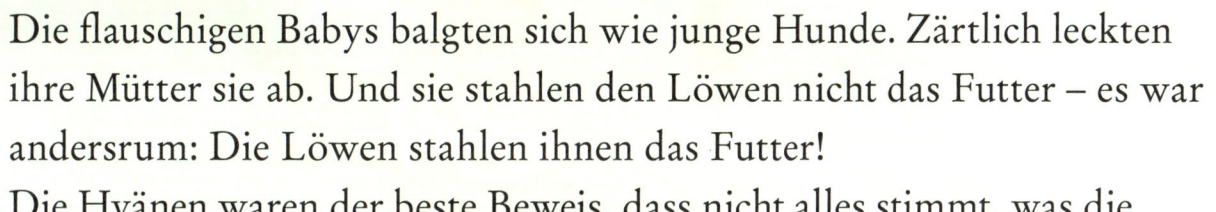

JEDES LEBEWESEN ZÄHLT

Ich hatte mir nie viel aus Spinnen gemacht, bis ich in Südamerika einer begegnete, die fast so groß war wie ein Streifenhörnchen. Es war eine elegante schwarze Tarantel, die mit ihren rosaroten Fußspitzen aussah, als käme sie gerade von der Pediküre. Sie residierte in einem Pflanzenkübel in einem Naturreservat.

Zum Glück gehörte sie zu
einer ungefährlichen Tarantelart, die
dreißig Jahre alt werden kann. Wir tauften sie
Clarabelle und ließen sie jeden Abend über unsere
Hände spazieren. Ich glaube, sie mochte uns. Wir mochten
sie sehr. Clarabelle lehrte uns, dass in deinem Herzen für
alles Platz sein kann, was da kreucht und fleucht.

LERNE VERZEIHEN

An einem Weihnachtsmorgen überraschte ich einen Eindringling in unserem Hühnerstall: ein weißes Wiesel.
So klein sie sind, Wiesel sind echte Räuber. Sie fangen und fressen Tiere, die viel größer sind als sie. Auch eines meiner Hühner!

Ich sah auf das Wiesel hinunter, mitten in seine schwarzen Augen. Unerschrocken hielt es meinem Blick stand. Wie mutig es war! Und wie schön in seinem schneeweißen Winterkleid! Ich war beeindruckt von seiner Furchtlosigkeit und seinem Überlebenswillen und konnte ihm nicht böse sein.

ENTDECKE GEMEINSAMKEITEN

Octavia hatte acht Arme, drei Herzen und keine Knochen. Sie lebte im Wasser, ich lebte an Land.

VERTRAUE AUF MORGEN

Die kleinen Mädchen von nebenan zogen weg. Unser Schwein wurde alt. Unser Hund wurde alt. Alles schien ein trauriges Ende zu nehmen. Da rief mich unser Tierarzt an: Der Border Collie eines Nachbarn hatte gerade Junge bekommen. Wertvolle Hunde, die eines Tages

Schafe, Kühe und Schweine hüten sollten. Auf alle warteten schon Farmerfamilien. Nur einer hatte noch niemanden – er war auf einem Auge blind.
Würde ich ihn zu mir nehmen?

Von Thurber habe ich das Allerwichtigste gelernt: Auch in dunklen Zeiten kann schon hinter der nächsten Ecke ein wunderbarer neuer Lehrer auf dich warten …

An alle, die Ihr meine Lehrer wart, ob fremd oder vertraut, ob mit oder ohne Namen, ob Mensch oder Tier: Danke, dass Ihr mir eine Welt gezeigt habt, die so viel mehr Leben, Überraschungen und Wunder bereithält, als ich es mir je hätte ausmalen können.

— Sy Montgomery

In ewiger Dankbarkeit für Dr. A. B. Millmoss – S. M.
Für meine Kunstlehrerin in der Oberschule, Laura Meiers – R. G.

SY MONTGOMERY, geboren 1958 in Frankfurt am Main, ist eine berühmte Naturforscherin und u. a. die Autorin des 2017 erschienenen Bestsellers *Rendezvous mit einem Oktopus*.

REBECCA GREEN, geboren 1986, arbeitet seit 2010 als Illustratorin. 2017 erschien ihr Kinderbucherstling *Wie man sich mit einem Gespenst anfreundet*.

Titel der 2020 bei Houghton Mifflin Harcourt, New York,
erschienenen Originalausgabe: ›Becoming a Good Creature‹
Text copyright © 2020 by Sy Montgomery
Illustrations copyright © 2020 by Rebecca Green
Fotografien auf Seite 31 mit freundlicher Genehmigung der Autorin
außer Mitte rechts: Phebe Lewan und links unten: Tianne Strombeck
Aus dem Amerikanischen von Anna Cramer-Klett
Published by special arrangement with HarperCollins Publishers LLC.

Alle deutschen Rechte vorbehalten
Copyright © 2022
Diogenes Verlag AG Zürich
www.diogenes.ch
80/22/68/1
ISBN 978 3 257 01302 3